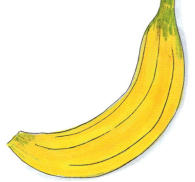

Do m'ochtar gasúr a d'oibrigh taobh liom sa chistin

© Gníomhaireacht na Gaeilge den Fhoras Teanga, 2000

ISBN 1-85791-358-2

Gach ceart ar cosaint. Ní ceadmhach aon chuid den fhoilseachán seo a atáirgeadh, a chur i gcomhad athfhála, ná a tharchur ar aon mhodh ná slí, bíodh sin leictreonach, meicniúil, bunaithe ar fhótachóipeáil, ar thaifeadadh nó eile, gan cead a fháil roimh ré ón bhfoilsitheoir.

Arna chlóbhualadh in Éirinn ag Criterion Press Ltd.

Orduithe tríd an bpost ó:
An Siopa Leabhar,
6 Sráid Fhearchair,
Baile Átha Cliath 2.

Orduithe ó leabhardhíoltóirí chuig:
Áis,
31 Sráid na bhFíníní,
Baile Átha Cliath 2

An Gúm, 24-27 Sráid Fhreidric Thuaidh, Baile Átha Cliath 1.

Páistí sa Chistin

Myra Mhic Eochaidh
a scríobh

Máire Nic Eochaidh
a mhaisigh

Oiriúnach do pháistí 7-12 mbliana (nó níos sine!)

An Gúm
Baile Átha Cliath

Na hOidis

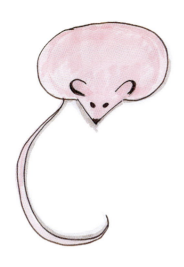

B.L.T.   9
Croque Monsieur   10
Croque Madame   11
Sailéad Samhraidh   12
Sailéad Geimhridh   13
Sailéad Torthaí   14
Calóga Arbhair Seacláide   15
Clafouti   16
Cáca Seacláide   17
Muisiriúin le Cáis   18
Píosaí Sicín Bácáilte   19
Prátaí Bácáilte   20
Píotsa Simplí   21
Brocairí Teo   22
Ispíní i bhFuidreamh   23
Uibheacha Scrofa   24
Ubh sa Pholl   25
Tósta Francach   26
Pasta   27
Feoilmheallta Uaineola   28
Stobhach Gaelach   29
Póg Glasraí   30
Lón Pacáilte   32
Anraith Cairéad & Oráiste   33
Leite   34
Arán Caiscín   35
Scónaí Tae   36
Sóid Uachtair Reoite   37
Toirtíní Suibhe   38
Cácaí Min Choirce Seacláide   39
Traidhfil   40
Toirtín Cáise Líomóide   42
Mionbhruar Torthaí   43
Cáca Milis Lá Breithe   44
Luchóga Siúcra   45

Sula dté tú i mbun Oibre

Cuir ort do naprún.

Más gruaig fhada atá ort, ceangail siar í.

Faigh cead a bheith ag cócaireacht ó thuismitheoir nó ó dhuine fásta eile.

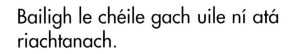

Bailigh le chéile gach uile ní atá riachtanach.

Nigh na lámha.

Iarr ar dhuine fásta cabhrú leat agus bia á bhaint as an oigheann.

Ná bíodh cosa soithí ag gobadh amach.

Cuir miotóga oighinn ort agus tú ag plé leis an oigheann.

Bí cúramach le sceana géara.

Fág an chistin glan i do dhiaidh.

B.L.T.
(Bagún, Leitís, Tráta)
Do bheirt pháistí nó do dhuine fásta amháin

3 shlisne tósta
slisín bagúin gríosctha
2 dhuilleog leitíse
tráta, gearrtha ina shlisní

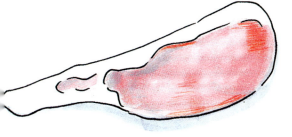

1. Smear na slisní tósta le him.
2. Cuir an leitís agus na slisní tráta ar shlisne amháin tósta.
3. Cuir an dara slisne tósta os a chionn.
4. Cuir an slisín bagúin gríosctha ar a bharr, agus cuir an tríú slisne tósta ar a bharr sin arís.
5. Brúigh beagáinín é. Gearr ina dhá chuid é sula ndáile tú é.

Croque Monsieur

2 shlisne aráin bháin
slisne liamháis
slisne cáise
spúnóg bhoird ola
spúnóg bhoird margairín nó ime

1. Bain na crústaí den arán.
2. Leag an liamhás ar shlisne aráin, agus leag an cháis anuas air sin.
3. Leag an slisne eile aráin anuas ar an méid sin ar fad agus déan ceapaire de.
4. Smear an ceapaire le him taobh amuigh.
5. Téigh an ola, an t-im nó an margairín sa fhriochtán ar theas an-íseal.
6. Frioch an ceapaire ar an dá thaobh go mbí sé go deas donn agus go mbí an cháis bog.

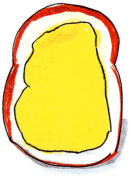
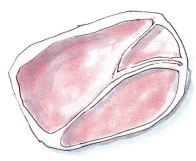

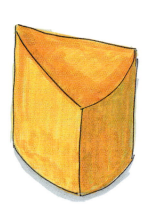

Croque Madame

2 shlisne aráin bháin
slisne liamháis
slisne cáise
spúnóg bhoird ola
spúnóg bhoird margairín nó ime
agus
ubh do *Madame*

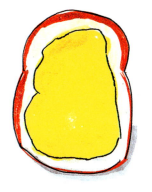

1. Déan **Croque Monsieur** (féach thall).
2. Frioch an ubh.
3. Leag an ubh fhriochta anuas ar an **Croque Monsieur.**
4. Sin agat **Croque Madame**!

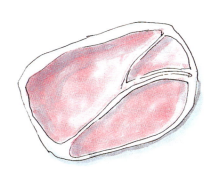

Sailéad Samhraidh

leitís
scailliúin
trátaí
uibheacha cruabhruite
maonáis nó anlann sailéid

1. Nigh na duilleoga leitíse agus triomaigh le tuáille páipéir iad, *nó* croith i dtuáille tae glan iad os cionn an doirtil.

2. Socraigh na duilleoga leitíse i mias mhór.

3. Nigh agus gearr na scailliúin agus na trátaí. Scaip ar an leitís iad.

4. Bain an bhlaosc de na huibheacha cruabhruite. Cuir sa mhias iad in éineacht leis an gcuid eile.

5. Cuir an mhaonáis nó an t-anlann sailéid thart agus an sailéad á dháileadh.

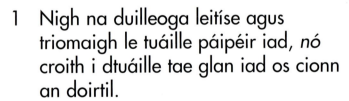
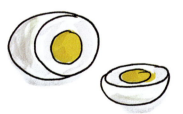

Sailéad Geimhridh

dos leitíse
6 bhata soilire
dos de chabáiste geal
2 úll mhilse
maonáis nó anlann sailéid
gallchnónna scilte
oráiste

1. Nigh na duilleoga leitíse, triomaigh iad agus socraigh i mias mhór iad.

2. Nigh na bataí soilire, triomaigh le páipéar cistine iad agus gearr ina slisní. Scaip ar an leitís iad.

3. Gearr an cabáiste ina stiallacha tanaí. Cuir leis an gcuid eile é.

4. Bain an craiceann den oráiste. Bain an laíon bán de. Bris ina theascóga é. Gearr na húlla ina ngiotaí beaga.

5. Cuir na giotaí úll, na píosaí oráiste agus na gallchnónna scilte sa mhias freisin.

6. Cuir an mhaonáis nó an t-anlann sailéid thart agus an sailéad á dháileadh.

Sailéad Torthaí

2 úll mhilse
2 oráiste
2 bhanana
100 g siúcra garbh

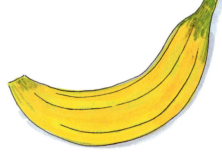

1. Nigh na húlla. Gearr ina slisní iad.
2. Bain an craiceann de na horáistí. Gearr ina bpíosaí beaga iad.
3. Bain an craiceann de na bananaí. Gearr ina slisní iad.
4. Cuir na torthaí gearrtha i mias ghloine. Cuir an siúcra reoáin leo. Fág ar leataobh ar feadh 4 huaire an chloig.

Bheadh an sailéad torthaí go deas leis féin, nó d'fhéadfá uachtar a dháileadh in éineacht leis.

Calóga Arbhair Seacláide

barra mór seacláide (100 g)
10 g de chalóga arbhair
12 chás páipéir

1. Leáigh an tseacláid i mbabhla os cionn sáspain uisce the, nó cuir san oigheann micreathonnach í ar feadh 30 soicind.

2. Cuir na calóga arbhair leis an tseacláid leáite. Measc le chéile iad.

3. Leag na cásanna páipéir ar an mbord nó ar thráidire.

4. Cuir an meascán iontu le forc agus spúnóg.

5. Fág i leataobh iad in áit fhionnuar go ceann tamaill go mbí siad fuar ar fad.

Clafouti

An fuidreamh
3 ubh
90 g siúcra mín
90 g plúir
450 ml bainne

Do rogha torthaí, e.g.
2 thaechupa silíní
2 úll mhilse agus iad gearrtha ina slisní
2 thaechupa sútha craobh
2 thaechupa sméar dubh

1. Cuir an plúr i mbabhla.
2. Buail na huibheacha. Cuir an bainne agus an siúcra leo.
3. Cuir an méid sin leis an bplúr. Measc gach rud go maith le chéile.
4. Ullmhaigh na torthaí agus cuir i stán bácála smeartha iad. Doirt an fuidreamh anuas orthu.
5. Bácáil ar feadh leathuaire in oigheann 190°C, 375°F, nó Gásmharc 5.
6. Gearr ina shlisní agus dáil é.

Cáca Seacláide

Cáca an-simplí. Níl aon bhácáil ag teastáil!

200 g brioscaí *Marie*
270 g ime
120 g siúcra reoáin
2 bhuíocán uibhe
100 g rísíní
3 spúnóg bhoird charntha de phúdar cócó

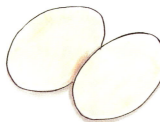

1. Cuir na brioscaí i mála plaisteach agus déan mionbhruar díobh.
2. Líneáil stán bácála 20 cm le scragall smeartha.
3. Coip an t-im agus cúpla braon uisce le chéile.
4. Measc an siúcra reoáin agus na buíocáin uibhe leis an im.
5. Cuir an mionbhruar brioscaí, na rísíní agus an púdar cócó leis. Suaith an t-iomlán go maith ina chéile.
6. Brúigh an meascán isteach sa stán.
7. Fág in áit fhionnuar (seachas an cuisneoir) go mbí sé téachta.

Muisiriúin le Cáis

6 mhuisiriún
piobar & salann
6 bhlúire cáise

1. Socraigh an t-oigheann ar 350°F, 180°C, Gásmharc 4.
2. Glan na muisiriúin, nó bain an craiceann díobh.
3. Leag na muisiriúin ar stán bácála.
4. Socraigh giota cáise ar gach muisiriún.
5. Bácáil na muisiriúin ar feadh 15 nóiméad.
6. Dáil in éineacht le tósta.

Píosaí Sicín Bácáilte
Do cheathrar

8 bpíosa sicín (e.g. cosa)
1 spúnóg bhoird plúir
salann agus piobar
2 spúnóg bhoird ola

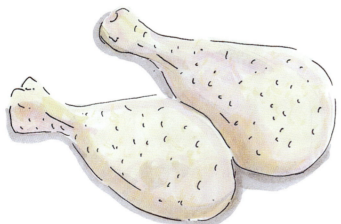

1. Socraigh an t-oigheann ar 190°C, 375°F, Gásmharc 5.
2. Smear stán rósta.
3. Cuir an plúr agus na píosaí sicín i mála. Croith an mála go mbí na píosaí sicín clúdaithe le plúr. Cuir sa stán rósta iad.
4. Bácáil na píosaí sicín san oigheann ar feadh 45 nóiméad.
5. Dáil le sailéad nó le brúitín prátaí. Is deas iad agus iad fuar freisin.

Prátaí Bácáilte

práta mór an duine

1. Sciúr na prátaí. Prioc le forc iad. Cuimil le beagán ola nó ime iad.

2. **Oigheann micreathonnach** Socraigh ar phláta mór iad agus bácáil san oigheann micreathonnach iad ar feadh timpeall 7 nóiméad. (Léigh an lámhleabhar ar dtús.)

3. **Gnáthoigheann** Leag ar stán iad agus bácáil ar feadh timpeall uaire iad ag 200°C, 400°F, Gásmharc 6.

4. Tástáil na prátaí le forc féachaint an bhfuil siad bog. B'fhéidir go dteastódh 5 nó 10 nóiméad eile uathu (nóiméad nó dhó sa bhreis in oigheann micreathonnach).

5. Gearr na prátaí trasna.

6. Cuir im nó gruth cáise nó cáis chéadair sa scoilt agus iad á ndáileadh. Bheadh beagán oinniúin mhionghearrtha go deas chomh maith.

Píotsa Simplí

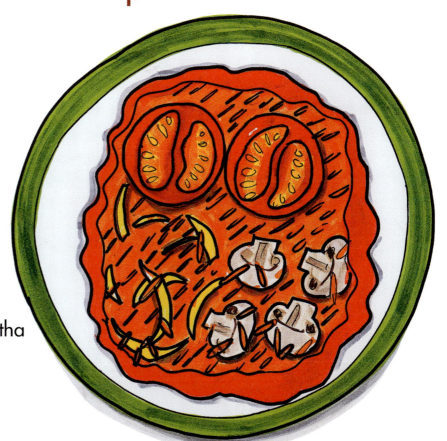

2 shlisne aráin an duine
im nó margairín
citseap trátaí

do rogha ábhair don bharr e.g.
1 oinniún, ina shlisní
2 mhuisiriún, ina slisní
3 sp bhoird de liamhás mionghearrtha
2 thráta, ina slisní
3 sp bhoird de cháis ghrátáilte

1. Socraigh an t-oigheann ar 375°F, 190°C, Gásmharc 5.
2. Smear gach slisne aráin le him ar an dá thaobh. Leag na slisní smeartha aráin ar stán bácála. Smear na slisní aráin le citseap.
3. Scaip slisní oinniúin ar shlisne amháin, slisní muisiriúin ar shlisne eile, agus píosaí bídeacha liamháis ar shlisní eile, de réir mar a theastaíonn. Leag roinnt slisní trátaí ar gach píosa aráin.
4. Clúdaigh le cáis ghrátáilte
5. Bácáil ar feadh 20 nóiméad.

Brocairí Teo

4 francfurtar (ispíní fada)
4 rollóg aráin
mustard Meiriceánach nó citseap
2 thráta

1. Cuir na hispíní i sáspan uisce fiuchaidh. (Iarr ar dhuine fásta cabhrú leat.)
2. Suanbhruith na hispíní ar feadh 5 nóiméad.
3. Cuir na rollóga faoin ngríoscán ar feadh cúpla nóiméad chun iad a théamh beagáinín. (Nó cuir san oigheann micreathonnach iad ar feadh 10 soicind.)
4. Scoilt na rollóga téite. Leag na hispíní cócaráilte orthu.
5. Leath mustard nó citseap ar na hispíní.
6. Gearr na trátaí ina slisní agus socraigh go deas ar an bpláta iad thart timpeall ar na brocairí teo.

Ispíní i bhFuidreamh

Do cheathrar

12 ispín
150 g plúir
1 ubh mhór
300 ml bainne

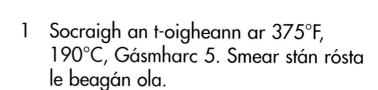

1. Socraigh an t-oigheann ar 375°F, 190°C, Gásmharc 5. Smear stán rósta le beagán ola.

2. Cuir na hispíní ann, agus róst ar feadh 15 nóiméad iad san oigheann.

3. Idir an dá linn déan an fuidreamh: cuir an plúr i mias, bris an ubh isteach sa phlúr, agus doirt an bainne isteach de réir a chéile, á mheascadh an t-am ar fad.

4. Bain na hispíní as an oigheann agus doirt an fuidreamh anuas orthu. Cuir ar ais san oigheann iad ar feadh 15 nóiméad eile.

5. Gearr an cáca ina cheithre chuid agus é á dháileadh.

Uibheacha Scrofa

2 ubh
liomóg salainn
3 spúnóg bhoird bainne
2 shlisne tósta

1. Bris na huibheacha isteach i mias.
2. Buail iad le forc nó le buailteoir uibhe.
3. Cuir an bainne agus an salann leis na huibheacha buailte.
4. Leáigh an t-im i sáspan.
5. Doirt an meascán uibhe isteach ann. Suaith go bog ar theas íseal é go n-éirí sé tiubh. Bain den teas é.
6. Smear na slisní tósta le him.
7. Cuir na huibheacha scrofa amach ar an tósta te.
8. Bígí ag ithe!

Ubh sa Pholl

slisne aráin
ubh

Don fhriochadh
spúnóg bhoird margairín *nó*
½ sp bhoird ime agus
½ sp bhoird ola

1. Gearr poll i lár an tslisne aráin.
2. Téigh an t-im nó an margairín sa fhriochtán.
3. Leag an t-arán ar an tsaill leáite sa fhriochtán.
4. Bris an ubh isteach sa pholl go cúramach.
5. Frioch an t-arán ar feadh nóiméid ar theas íseal.
6. Iompaigh bunoscionn é chun an taobh eile a fhriochadh.
7. Dáil ar phláta é.

Ba dheas slisní tráta leis freisin, nó citseap, b'fhéidir.

Tósta Francach

ubh bhuailte
slisne aráin bháin
30 g margairín

1 Bris an ubh isteach i gcupán nó i mias bheag. Buail le forc í.

2 Leag an slisne aráin ar phláta. Doirt an ubh bhuailte anuas ar an arán agus fág i leataobh é ar feadh 10 nóiméad.

3 Leáigh an margairín sa fhriochtán.

4 Frioch an t-arán ar an dá thaobh go mbí dath órga air.

5 Gearr an tósta Francach ina mhéaróga.

Ba dheas beagán meala a chur air, b'fhéidir, nó beagán cainéil a chroitheadh air.

Pasta
Dóthain beirte

90 g pasta
(sliogáin, uillinneacha)

850 ml uisce fiuchaidh

1 taespúnóg salainn

1 spúnóg bhoird ola cócaireachta

4 spúnóg bhoird d'anlann Bolognese réamhdhéanta

1 spúnóg bhoird cáise grátáilte

1. Cuir an salann agus an pasta san uisce fiuchaidh.
2. Bruith an pasta go mbí sé bog (**Leid** léigh na treoracha ar an bpaicéad).
3. Sil an t-uisce den phasta isteach sa doirteal. (Iarr ar dhuine fásta cabhrú leat.)
4. Socraigh an pasta ar phlátaí.
5. Socraigh an t-anlann Bolognese ar a bharr, nó ag an taobh más fearr leat.
6. Croith an cháis ghrátáilte ar a bharr.

Feoilmheallta Uaineola

Do cheathrar

450 g d'uaineoil thrua mhionaithe
1 oinniún
½ taespúnóg luibheanna measctha
citseap trátaí
cálslá

1. Bain an craiceann den oinniún. Gearr go mion é.

2. Measc an fheoil mhionaithe leis an oinniún mionghearrtha.

3. Cuir na luibheanna measctha, an salann agus an piobar leis.

4. Déan meallta beaga de.

5. Socraigh na meallta ar an ngríoscán. Gríosc iad, á gcasadh go minic, go mbí siad donnaithe go maith.

Is deas é anlann trátaí leo, agus cálslá freisin, b'fhéidir.

Stobhach Gaelach
Do cheathrar

4 phráta mhóra
1 oinniún mór
4 chairéad
4 ghríscín uaineola
1/2 taespúnóige luibheanna measctha
piobar agus salann
uisce

1. Bain an craiceann de na prátaí, agus den oinniún. Scríob na cairéid.
2. Gearr 2 phráta ina sliseoga. Leag i dtóin an phota iad.
3. Gearr na cairéid ina bpíosaí móra. Cuir an t-oinniún agus na píosaí cairéad leis.
4. Cuir isteach na gríscíní.
5. Gearr na prátaí atá fágtha ina dhá leath agus leag ar an mbarr iad.
6. Blaistigh le salann agus piobar.
7. Doirt isteach 2½ cupán uisce.
8. Bain fiuchadh as. Suanbhruith ar feadh timpeall 1¼ uaire ar theas an-íseal, ar fhaitíos go ngreamódh an bia den phota.

Pióg Glasraí
Do cheathrar

An taosrán
120 g plúir
60 g margairín
2½ spúnóg bhoird uisce

Na glasraí
2 phráta
2 chairéad
oinniún measartha mór
2 spúnóg bhoird ola
2 spúnóg bhoird plúir
300 ml bainne
salann agus piobar
25 g de cháis ghrátáilte

1. Bris an margairín ina phíosaí agus cuimil sa phlúr é. Cuir an t-uisce leis. Cruinnigh an taosrán le chéile.

2. Leath an taosrán amach cothrom. Leag ar stán bácála 20 cm é. Bácáil ar feadh 15 nóiméad ag 180°C, 350°F, Gásmharc 4 é.

3. Bain an taosrán as an oigheann.

Na glasraí a ullmhú

4. Nigh na prátaí. Bain an craiceann díobh.

5. Scríob na cairéid.

6. Gearr na prátaí agus na cairéid ina ngiotaí beaga.

7 Bain an craiceann den oinniún. Gearr ina shlisní é.

8 Téigh an ola i sáspan. Cuir isteach na glasraí gearrtha. Sótáil ar feadh 2 nóiméad iad.

9 Cuir an plúr leis na glasraí sótáilte agus measc go maith é.

10 Doirt isteach an bainne. Lig dó fiuchadh go dtiubhaí sé.

11 Doirt an t-iomlán isteach sa taosrán bácáilte. Croith cáis ghrátáilte ar a bharr.

12 Cuir an taosrán líonta san oigheann. Bácáil ar feadh 15 nóiméad é.

13 Gearr an phióg ina píosaí. Ba dheas sailéad glas in éineacht léi.

Lón Pacáilte
Do dhalta scoile

Do gach ceapaire
2 shlisne aráin (donn nó bán)
im, margairín, nó eile
slisne liamháis (nó do rogha feola)
tráta
duilleoga leitíse
slisní cáise

1. Smear na slisní aráin le him nó eile.
2. Gearr an tráta ina shlisní.
3. Leag an fheoil, na slisní tráta, an cháis agus an leitís ar shlisne smeartha aráin. Leag slisne smeartha eile anuas air.
4. Gearr an ceapaire ina 2 chuid nó ina 4 chuid de réir mar is maith leat. Cuir na ceapairí i mbosca nó i mála beag plaisteach.
5. Tabhair buidéal uisce nó bainne, nó sú torthaí leat le hól.
6. B'fhiú banana a thabhairt leat chomh maith.

Is deas arán donn agus subh air freisin, mar éagsúlacht.

Anraith Cairéad & Oráiste
Do cheathrar

3 chairéad
2 oinniún mheánmhéide
taespúnóg luibheanna measctha
oráiste
750 ml uisce
ciúb stoic

1. Nigh na cairéid agus scríob iad. Grátáil iad ansin.

2. Bain an craiceann de na hoinniúin. Gearr ina ngiotaí beaga iad.

3. Cuir na glasraí, an ciúb stoic agus an t-uisce i sáspan. Bruith go mall iad go ceann leathuaire.

4. Lig don anraith fuarú beagán.

5. Fáisc an sú as an oráiste. Cuir an sú oráiste leis an anraith.

6. Téigh an t-anraith arís. Dáil é, in éineacht le harán nó tósta.

Is deas é an t-anraith ach taespúnóg uachtair nó **fromage frais** a chur leis. Nó d'fhéadfá craiceann grátáilte an oráiste a chroitheadh air mar mhaisiú.

Leite
Do cheathrar

cupán de mhin choirce
3 chupán uisce
liomóg salainn

Ar an iarta

1 Bain fiuchadh as an uisce. Cuir an salann ann, agus cuir an mhin choirce leis. Ísligh an teas agus suanbhruith ar feadh 10 nóiméad.

2 Riar an leite i miasa. Cuir bainne léi, agus siúcra nó mil, más maith leat.

In oigheann micreathonnach

1 Cuir an mhin choirce, an t-uisce agus an salann i mbabhla.

2 Cuir an babhla san oigheann micreathonnach agus cócaráil an leite ar feadh 2 nóiméad.

3 Bain an leite as an oigheann agus lig di seasamh ar feadh nóiméid eile.

4 Dáil an leite in éineacht le bainne, agus siúcra nó mil. D'fhéadfá slisní banana a chur léi freisin.

Arán Caiscín

360 g plúir donn
180 g gnáthphlúir
1 taespúnóg siúcra
liomóg salainn
1 taespúnóg de shóid bhácála
30 g margairín nó ime
300 ml bláthaí nó bainne géar

1. Socraigh an t-oigheann ar 200°C, 400°F, Gásmharc 6.
2. Cuir an plúr donn agus an gnáthphlúr i mbáisín. Cuimil an margairín sa phlúr.
3. Criathraigh an tsóid bhácála i gcaoi is nach mbeidh cnapáin inti.
4. Cuir an tsóid bhácála, an salann agus an siúcra leis an bplúr.
5. Doirt isteach an bainne géar. Measc go maith é le spúnóg adhmaid go mbí taos déanta de.
6. Déan cáca cruinn de. Leacaigh an cáca. Gearr cros ar a bharr.
7. Smear stán bácála cothrom. Socraigh an t-arán air. Bácáil an t-arán ar feadh 30 nóiméad.
8. Leag an t-arán ar thráidire sreang le fionnuarú.

Scónaí Tae

225 g plúir
2 thaespúnóg de phúdar bácála
250 g siúcra mín
250 g ime nó margairín
140 ml bainne

1. Socraigh an t-oigheann ar 230°C, 425°F, Gásmharc 7.

2. Cuir an plúr agus an púdar bácála i mbáisín.

3. Cuimil an margairín/an t-im ann leis na méara.

4. Cuir an siúcra leis.

5. Measc an bainne leis de réir a chéile go mbí taos righin déanta agat.

6. Cruinnigh an taos le chéile. Scaip beagáinín plúir ar an mbord. Leag an taos air, agus roll amach é.

7. Gearr an taos ina 12 chearnóg. Cuir braoinín bainne ar gach cearnóg díobh.

8. Leag na scónaí ar stán bácála. Bácáil ar feadh 18-20 nóiméad iad.

Sóid Uachtair Reoite

2 ghloine líomanáide nó cibé deoch eile is maith leat (Ná bídís rólán.)
scúp uachtair reoite an ghloine

1. Cuir an t-uachtar reoite ar bharr na líomanáide.
2. Cuir sop ann, agus bí ag ól!

Toirtíní Suibhe

180 g gnáthphlúir
4 spúnóg bhoird ola
2 spúnóg bhoird uisce
liomóg salainn
subh

1. Socraigh an t-oigheann ar 200°C, 400°F nó Gásmharc 6.

2. Cuir an plúr, an ola agus an t-uisce i mbáisín agus measc go maith iad go mbí taos agat.

3. Iompaigh an taos amach ar bhord a bhfuil plúr scaipthe air. Cuir roinnt plúir ar an gcrann fuinte agus roll amach an taos.

4. Gearr toirtíní beaga as le cupán nó gearrthóir.

5. Roll amach na píosaí atá fágtha. Gearr leis an gcupán arís iad go mbí 12 chiorcal déanta.

6. Socraigh na toirtíní i stán pióigíní smeartha. Cuir taespúnóg suibhe i lár gach toirtín. Bácáil san oigheann iad ar feadh 20 nóiméad.

7. Bain an stán as an oigheann agus leag ar thráidire sreinge é. (Caith miotóga oighinn ar fhaitíos go ndóifí na lámha. Lig do na toirtíní fuarú beagán, óir bíonn an tsubh an-te freisin!)

Cácaí Min Choirce Seacláide

240 g ime nó margairín
90 g siúcra mín
360 g de mhin choirce
2 spúnóg bhoird órshúlaigh
barra seacláide 100 g
taechupan rísíní (roghnach)

1. Socraigh an t-oigheann ar 190°C, 375°F nó Gásmharc 5.

2. Cuir an t-im, an siúcra agus an t-órshúlach i bpota mór ar theas íseal, agus téigh go mbí sé leáite. Cuir an pota i leataobh.

3. Cuir isteach an mhin choirce agus na rísíní, agus measc iad lena bhfuil sa phota.

4. Smear stán bácála, agus doirt an meascán isteach ann. Bácáil ar feadh 20 nóiméad.

5. Bain an stán as an oigheann (féach le miotóga oighinn a chaitheamh).

6. Gearr an cáca ina chearnóga beaga (5 cm x 5 cm).

7. Cuir giota beag seacláide ar bharr gach cearnóigín, agus leath an tseacláid le spúnóg go mbí sí leáite.

Traidhfil

Do cheathrar

4 chíste spúinse bheaga
subh
stán de mhanglam torthaí
250 ml uachtair
Don chustard
570 ml bainne
2 spúnóg bhoird púdair chustaird
2 spúnóg bhoird siúcra
nó 570 ml custaird réamhdhéanta
milseáin ghlóthaí

An custard

An bealach traidisiúnta

1. Cuir an púdar custaird agus an siúcra i mbabhla. Measc go maith le 3 spúnóg bhoird den bhainne.

2. Téigh an chuid eile den bhainne go mbí sí ar fiuchadh, beagnach.

3. Doirt an bainne téite anuas ar an ábhar sa bhabhla, á chorraí.

4. Cuir an t-iomlán ar ais sa sáspan. Bain fiuchadh as, agus suanbhruith ansin é, á chorraí an t-am ar fad, go mbí sé tiubh.

In oigheann micreathonnach

1. Measc an púdar custaird agus an siúcra le 2 spúnóg bhoird den bhainne i mbabhla. Doirt isteach an chuid eile den bhainne, á chorraí.

2. Cuir an babhla san oigheann micreathonnach ar chumhacht iomlán, ar feadh 6$\frac{1}{2}$ nóiméad (650 W), nó 5$\frac{1}{2}$ nóiméad (750 W).

3. Stop an t-oigheann i gceann 3 nóiméad agus corraigh an custard.

4. Cuir an custard ar ais don chuid eile den am cócaireachta.

An traidhfil a dhéanamh

5. Gearr na cístí spúinse agus leath an tsubh ar na píosaí. Socraigh na píosaí spúinse i mias ghloine.

6. Doirt an súlach as an stán torthaí anuas ar na píosaí spúinse. Cuir na torthaí leis an spúinse.

7. Doirt an custard anuas air. Coip an t-uachtar agus leath ar an gcustard é nuair a bheas an custard fuar.

8. Maisigh le milseáin bheaga ghlóthaí nó leis na `céadta mílte'.

9. Coinnigh an traidhfil sa chuisneoir go mbí sí ag teastáil.

Toirtín Cáise Líomóide

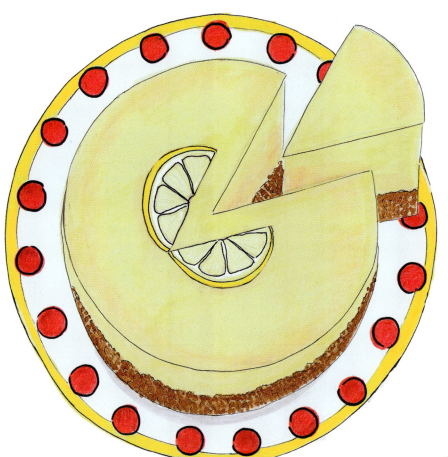

180 g brioscaí min chaiscín e.g. *Goldgrain*

75 g ime

glóthach líomóide

paicéad de cháis *Philadelphia*

nó

cartán 250 g de ghruth cáise

1. Cuir na brioscaí i mála agus déan mionbhruar díobh.

2. Leáigh an t-im ar theas íseal. Cuir leis an mionbhruar brioscaí é.

3. Smear mias chruinn 20 cm. Cuir an meascán inti.

4. Déan an ghlóthach. Lean an treoir ar an bpaicéad. Coip an cháis agus cuir leis an nglóthach í.

5. Leath an meascán glóthaí ar an mionbhruar brioscaí.

6. Maisigh le sliseoga tanaí líomóide nó le milseáin ghlóthaí.

7. Cuir an toirtín sa chuisneoir go ceann dhá uair an chloig.

Mionbhruar Torthaí

Do cheathrar

3 úll shearbha nó beart beag rúbarb (4 bhata mhóra)

siúcra, de réir mar a theastaíonn

Don mhionbhruar

120 g de phlúr bán nó donn

120 g siúcra (siúcra donn is fearr)

pinsín cainéil

60 g ime

1. Gearr na húlla ina slisní. Cuir i mias oigheanndíonach iad, agus scaip an siúcra orthu.
   Agus rúbarb in úsáid Nigh na bataí rúbarb. Gearr ina bpíosaí 2 cm iad.
2. Measc an plúr, an siúcra donn agus an cainéal le chéile.
3. Gearr an t-im ina phíosaí agus cuimil sa chuid eile é. Scaip an t-ábhar sin ar na slisní úll (nó ar na píosaí rúbarb).
4. Bácáil ar feadh 20 nóiméad nó mar sin in oigheann 190°C, 375°F, nó Gásmharc 5.
5. Is deas é te nó fuar.

Cáca Milis Lá Breithe

An cáca spúinse

180 g plúir

180 g siúcra mín

180 g ime

3 ubh meánmhéide

1/2 taespúnóige púdair bhácála

subh

An reoán

420 g siúcra reoáin

120 g ime

1-2 spúnóg bhoird bainne

1. Smear dhá stán 18 cm. Socraigh an t-oigheann ar 180°C, 350°F, Gásmharc 4.

2. Cuir an t-im, an siúcra, an plúr agus na huibheacha i mbáisín.
   Measc go maith le chéile iad ar feadh 3 nóiméad.
   Cuir an púdar bácála leis ansin.
   Cuir taespúnóg uisce leis má tá sé róthiubh.
   Cuir an meascán sna stáin smeartha.
   Bácáil ar feadh 25 nóiméad.

3. Bain na stáin as an oigheann agus lig dóibh fuarú.
   Bain na cácaí as na stáin.
   Cuir subh ar an gcuid íochtair den dá cháca. Cuir le chéile iad.

4. **An reoán** Cuir na comhábhair uile i mbabhla. Measc go maith le chéile iad.

5. Clúdaigh an spúinse leis an reoán.
   Maisigh an barr le milseáin.
   Cuir na coinnle air.

Luchóga Siúcra

450 g de shiúcra reoáin
1 spúnóg bhoird bainne
gealacán uibhe

Maisiú
rísíní
sreang

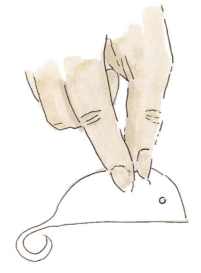
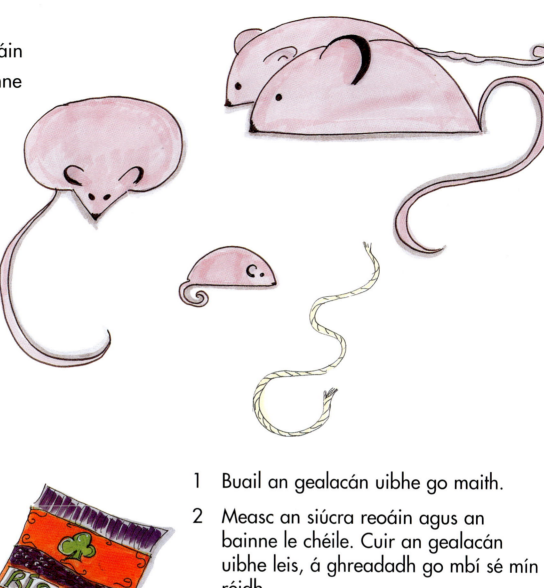

1. Buail an gealacán uibhe go maith.
2. Measc an siúcra reoáin agus an bainne le chéile. Cuir an gealacán uibhe leis, á ghreadadh go mbí sé mín réidh.
3. Cuir sa chuisneoir é ar feadh uaire.

Na luchóga a dhéanamh

4. Déan ubhchruthanna as an ábhar, agus an t-íochtar leacaithe.
5. Déan dhá phíosa bhídeacha a bhrú amach ina gcluasa.
6. Brúigh dhá rísín isteach ina n-áit do na súile.
7. Gearr píosaí sreinge. Socraigh ar na luchóga iad mar eireaball.

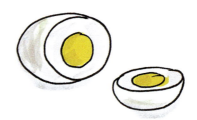

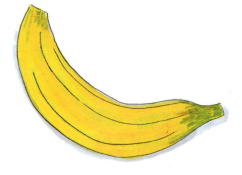